O Tao da gerência

Este livro foi impresso em papel Pólen, especialmente
desenvolvido para o mercado editorial. Sua tonalidade, ao absorver
melhor os raios de luz, permite uma leitura mais agradável.

Bob Messing

O Tao da gerência

Adaptado do *Tao-te King* para os gerentes da Nova Era

Tradução
Ronaldo Antonelli

Publicado originalmente sob o título
The Tao of management

© 1989 by Humanics Limited
Atlanta, Georgia, USA
© Livraria Nobel S.A.

Direitos reservados para o Brasil à

Livraria Nobel S.A.

DEPARTAMENTO EDITORIAL
Rua Maria Antônia, 108 — 01222-010 — São Paulo, SP
Fone: (011) 257-2744 — Fax: (011) 34-7134

ADMINISTRAÇÃO/VENDAS
Rua da Balsa, 559 — 02910-000 — São Paulo, SP
Fone: (011) 876-2822
Telex: 1181092 LNOB BR — Fax: (011) 876-6988

Preparação do texto: Rosa Maria Aires da Cunha
Revisão: Celso Duarte, Elena Kuflik Benclowicz, Ana Lúcia Sesso
Capa: Orlando Maver
Composição: Compupress
Impressão: Gráfica e Editora FCA

Dados Internacionais de Catalogação na Publicação (CIP)
(Câmara Brasileira do Livro, SP, Brasil)

Messing, Bob, 1937-
O Tao da gerência : adaptado do *Tao-te King* para os gerentes da Nova Era / Bob Messing ; tradução Ronaldo Antonelli. — São Paulo : Nobel, 1992.

Bibliografia.
ISBN 0-9334-307-2

1. Administração 2. Executivo 3. Taoísmo I. Título.

92-3354   CDD-658.4

Índice para catálogo sistemático:

1. Administração executiva 658.4

É PROIBIDA A REPRODUÇÃO

Nenhuma parte desta obra poderá ser reproduzida sem a permissão por escrito dos editores por quaisquer meios: xerox, fotocópia, fotográfico, fotomecânico. Tampouco poderá ser copiada ou transcrita, nem mesmo transmitida por meios eletrônicos ou gravações. Os infratores serão punidos pela lei 5988, de 14 de dezembro de 1973, artigos 122-130.

Impresso no Brasil/Printed in Brazil

1 3 5 7 9 8 6 4 2

93 95 97 99 98 96 94

Dedicado a minha família, amigos e associados.

Agradecimentos

Minha gratidão especial a Gary Wilson, meu amigo e editor. Seu encorajamento, entusiasmo e trabalho árduo e positivo tornaram este livro uma realidade.

Nota do autor

Ao longo deste livro, referimo-nos à figura do gerente no gênero masculino.

Com isso não pretendemos ofender ou menosprezar as inúmeras profissionais do sexo feminino que ativa e produtivamente constroem sua carreira como executivas.

Sumário

Nota do tradutor 11
Introdução 19

1. O Criativo — *Ch'ien* 25
2. O Receptivo — *K'un* 27
3. Dificuldade no Início — *Chun* 29
4. Escuridão — *Mêng* 31
5. À espera — *Hsü* 33
6. Disputa — *Sung* 35
7. Militância — *Shih* 37
8. Acordo — *Pi* 39
9. Fortalecimento pelo Pequeno — *Hsiao Ch'u* 41
10. Marcha — *Lü* 43
11. Tranqüilidade — *T'ai* 45
12. Obstrução — *P'i* 47
13. Companheirismo e Equiparação — *T'ung Jên* 49
14. Grandes Posses — *Ta Yu* 51
15. Humildade — *Ch'ien* 53
16. Alegria e Entusiasmo — *Yü* 55
17. Seguir — *Sui* 57
18. Degeneração — *Ku* 59
19. Supervisão — *Lin* 61
20. Observar — *Kuan* 63
21. Resolução — *Shih Ho* 65
22. Ornamento — *Pi* 67
23. Descascar — *Po* 69
24. Retorno — *Fu* 71
25. Fidelidade — *Wu Wang* 73
26. Fortalecimento do Grande — *Ta Ch'u* 75
27. Alimento — *I* 77
28. Excesso — *Ta Kuo* 79
29. Armadilhas — *K'An* 81
30. Fogo — *Li* 83

31. Sensibilidade — *Hsien* 85
32. Constância — *Hêng* 87
33. Retirada — *Tun* 89
34. Grande Poder — *Ta Chuang* 91
35. Avanço — *Chin* 93
36. Ocultamento da Iluminação — *Ming I* 95
37. Domínio Interior — *Chia Jên* 97
38. Desarmonia — *K'uei* 99
39. Interrupção da marcha — *Chien* 101
40. Libertação e Liberdade — *Hsieh* 103
41. Redução — *Sun* 105
42. Aumento — *I* 107
43. Afastamento — *Kuai* 109
44. Encontro — *Kou* 111
45. Reunião — *Ts'ui* 113
46. Ascensão — *Shêng* 115
47. Exaustão — *K'un* 117
48. A Fonte — *Ching* 119
49. Desprendimento — *Ko* 121
50. Aquecimento Refinado — *Ting* 123
51. Ação — *Chên* 125
52. Serenidade/Parada — *Kên* 127
53. Progresso Gradual — *Chien* 129
54. Comunicação Inadequada — *Kuei Mei* 131
55. Riqueza — *Fêng* 133
56. Viagem — *Lü* 135
57. Flexibilidade e Obediência — *Sun* 137
58. Alegria — *Tui* 139
59. Dispersão — *Huan* 141
60. Disciplina — *Chieh* 143
61. Lealdade — *Chung Fu* 145
62. Predomínio do Pequeno — *Hsiao Kuo* 147
63. De Acordo — *Chi Chi* 149
64. Ainda não de Acordo — *Wei Chi* 151

Conclusão 153
Bibliografia 156
Sobre o artista 157

Nota do tradutor

Para um uso diário do Tao na gerência e na vida pessoal

Este livro representa uma primeira aproximação à sabedoria multimilenar do Tao a partir do *I Ching*, ou *Livro das mutações*, neste caso apresentado como guia de comportamento e conduta para empresários, gerentes, administradores e dirigentes de organização em geral.

Transmitido originalmente por Lao-tsé e datando de mais de vinte séculos antes de Cristo, codificado mais tarde pelo imperador Wan e tendo recebido comentários e reflexões de Confúcio no século V a.C., o *I Ching* se compõe de *64 hexagramas* ou conjuntos de seis linhas, organizados com base nas duas grandes forças que presidem o cosmo: o *yang*, o princípio ativo, a ação criadora e expansiva; e o *yin*, a receptividade ou força geradora passiva.

Cada um desses hexagramas simboliza uma estação ou momento específico do Caminho (Tao), ora indicando a ousadia, ora a prudência; às vezes a iluminação refulgente, outras o recolhimento no silêncio — assim como no Eclesiastes do Velho Testamento, onde Salomão ensina qua há um tempo de semear e um tempo de colher, uma época para nascer e outra para deixar morrer. Os 64 hexagramas do *I Ching* correspondem a cada um dos capítulos deste livro, isto é, às pequenas trilhas que conduzem ao Caminho e cujo conjunto encerra a totalidade das instâncias cósmicas, segundo os taoístas.

Saber em que estação nos encontramos e como nos situarmos na trilha da harmonia universal é a finalidade da arte divinatória do *I Ching*, a saber, a adivinhação, operada geralmente com moedas, para fornecer respostas às perguntas que apresentamos (e que os antigos chineses também praticavam com seixos, cascas de árvores ou conchas marinhas). O leitor já familiarizado com o *Tao-te King* e o *I Ching* sabe como proceder para encontrar o hexagrama que corresponda a uma dada pergunta, seja ele o 3 (*Chun* ou Dificuldade no Início), o 24 (*Fu* ou Retorno) ou qualquer outro objeto dos 64 capítulos deste livro.

Os leitores que não estão familiarizados com essa antiga sabedoria, porém, encontram uma bibliografia de apoio no fim do manual, cumprindo destacar a versão do *I Ching* de Richard Wilhelm, com uma consagrada introdução do psicanalista e pensador Carl Gustav Jung e disponível em mais de uma edição em português. *Para facilitar sua tarefa, contudo*, apresentamos a seguir um método prático de consulta cotidiana, que os gerentes poderão utilizar sem recorrer a outras fontes, além deste livro.

Método de consulta

Depois de ler os 64 pequenos textos deste ensaio, você travará conhecimento com uma visão completa do Tao.

Poderá então fazer uso do livro como método de obtenção de respostas a perguntas específicas de seu dia-a-dia na gestão de negócios e na vida pessoal. Essa resposta virá sob a forma de um hexagrama, identificado por um número e um nome chinês, bastando dirigir-se à página da lição correspondente, que deverá apresentar a solução procurada. Faça deste livro um instrumento de auxílio permanente na tomada de decisões e conserve-o a seu alcance, em sua mesa de trabalho e longe da vista dos curiosos: o encontro com o Caminho e a harmonia está, antes de mais nada, dentro de você. O *I Ching* (como o Tarô ou os búzios, em outras tradições simbólicas e filosóficas) é apenas um meio auxiliar para indicar a resposta de seu "eu" interior. Por isso, a consulta deve ser feita em condições de serena concentração, com a mente purificada de preconceitos ou emoções negativas e em absoluto recolhimento.

Suas perguntas deverão ser precisas e práticas — por exemplo: devo realizar o negócio que se apresenta? terei êxito na contratação que pretendo promover? —, e não genéricas ou ambíguas como: o que o futuro reserva a minha empresa? Entretanto, e muito importante, os fins perseguidos deverão ser integralmente éticos e não egoísticos. À observação de que a ética varia de gregos para troianos, ou de letrados para homens simples, pode-se responder que o fundamental é que você empregue *sua própria ética*, lembrando a passagem do Novo Testamento que afirma que cada qual será julgado pela lei que utilizou para julgar os outros. Consulte o livro para questões importantes e não para qualquer tolice ou cada pequeno passo rotineiro. Sobretudo no início, você perderá de vinte minutos a meia hora com uma consulta (depois menos, com a familiaridade de manejo). Valorize cada consulta. Confie no *I Ching*: é em sua própria força interior que estará depositando confiança.

(i) Uma maneira muito simples é fazer como os cristãos que abrem a Bíblia ao acaso, a fim de obter o esclarecimento de uma indagação. Recolha-se em silêncio, não atenda à secretária, às outras pessoas ou ao telefone, e concentre-se no objeto de suas dúvidas, com a mente sincera e o coração tranqüilo. Depois de alguns minutos de meditação, abra este livro numa página qualquer e leia o texto do hexagrama correspondente, libertando a mente de outras preocupações, sem sequer olhar o relógio. Passe mais alguns minutos meditando sobre as palavras do texto e sobre a forma como elas se ajustam a sua pergunta.

(ii) Outra maneira consiste no método clássico das moedas. Escolha três moedas do mesmo peso e tamanho e reserve-as para esse fim. Quanto mais tempo de uso elas acumularem, supõe-se que adquirirão maior força iluminadora, porque estarão imantadas com sua própria energia. Uma boa escolha são as moedas antigas, estrangeiras ou de coleção, por serem distintas das correntes, mas pode-se perfeitamente usar as moedas comuns, desde que exclusivamente para essa finalidade. A cara da moeda (*yin*) vale 2 pontos e a coroa (*yang*), 3. Você procederá a um conjunto de seis lançamentos, um para cada linha do hexagrama, de baixo para cima (ou da terra para o céu, como diriam os taoístas).

Segure as três moedas cuidadosamente entre as mãos, concentre-se na pergunta e atire-as sobre a mesa ou qualquer superfície onde não corram o risco de cair no chão. A soma dos pontos de cada lançamento variará de 6 a 9, caso de 3 caras (*yin* — 3 x 2 = 6) ou 3 coroas (*yang* — 3 x 3 = 9). Por isso, o 6 e o 9 correspondem a *linhas de mutação*, isto é, a serem transmutadas ou invertidas posteriormente. Dois *yin* e um *yang* resultam em valor 7; dois *yang* e um *yin* somam 8. O 7 e o 8 são linhas que não mudam. Resultados pares (6 e 8) correspondem a linhas quebradas (— —); os ímpares (7 e 9), a linhas cheias (———). Resumindo:

Números pares — 6 e 8: linha quebrada (— —)
Números ímpares — 7 e 9: linha cheia (———)
Linhas de mutação (cheias se transmutam em quebradas e vice-versa): 6 e 9
Linhas que não mudam: 7 e 8

A cada vez que fizer um lançamento, você obterá uma linha. Comece de baixo para cima, repetimos. Quando completar seis lançamentos, terá um hexagrama completo. Localize-o no quadro que apresentamos no final desta nota, identificando-o pelo nome chinês ou pelo número, para facilitar. Faça então as mutações exigidas para as linhas com resultado 6 ou 9, isto é, inverta-as de linha quebrada para linha cheia ou vice-versa. O resultado será o hexagrama final, aquele que contém a resposta para a sua pergunta. De posse do nome ou número, encontre a página deste livro com o ensinamento que aponta a trilha que leva ao Caminho. Ela é sua resposta: a atitude ou comportamento que estabelecem a harmonia com o Todo nesse momento e com relação à indagação proposta. Exemplo:

6ª linha — 3 *yang*: 9 (linha de mutação) ———
5ª linha — 3 *yin*: 6 (linha de mutação) ———
4ª linha — 3 *yang*: 9 (linha de mutação) ———
3ª linha — 2 *yin*, 1 *yang*: 7   ———
2ª linha — 3 *yin*: 6 (linha de mutação) ———
1ª linha — 2 *yang*, 1 *yin*: 8   ———

Resultado: Hexagrama 56 (*Lü*, ou Viagem), tal como se encontra no quadro abaixo. Procedendo-se às mutações, isto é, invertendo a 2ª, 4ª, 5ª e 6ª linhas (quando *yin* se transforma em *yang* ou as linhas quebradas em cheias e vice-versa), o novo hexagrama resultante é

o 48 (*Ching*, ou a Fonte), tal como no quadro abaixo. Ele é sua resposta definitiva. Leia o texto correspondente no capítulo 48 deste livro.

Quadro dos hexagramas

(na ordem em que aparecem no *Yi*
e tal como dispostos pelo imperador Wan)

8	7	6	5	4	3	2	1
Pi	Shih	Sung	Hsü	Mêng	Chun	K'un	Ch'ien

16	15	14	13	12	11	10	9
Yü	Ch'ien	Ta Yu	T'ung Jên	P'i	T'ai	Lü	Hsiao Ch'u

24	23	22	21	20	19	18	17
Fu	Po	Pi	Shih Ho	Kuan	Lin	Ku	Sui

32	31	30	29	28	27	26	25
Hêng	Hsien	Li	K'an	Ta Kuo	I	Ta Ch'u	Wu Wang

40	39	38	37	36	35	34	33
Hsieh	Chien	K'uei	Chia Jên	Ming I	Chin	Ta Chuang	Tun

48	47	46	45	44	43	42	41
Ching	K'un	Shêng	Ts'ui	Kou	Kuai	I	Sun

56	55	54	53	52	51	50	49
Lü	Fêng	Kuei Mei	Chien	Kên	Chên	Ting	Ko

64	63	62	61	60	59	58	57
Wei Chi	Chi Chi	Hsiao Kuo	Chung Fu	Chieh	Huan	Tui	Sun

Fonte: I Ching — Book of changes, Ch'u Chai e Winberg Chai (eds.). Trad. ingl., James Legge. Nova Jersey: University Books, 1964.

Possam seu espírito, sua mente e seu coração estar abertos para o Tao.

Introdução

O *Tao-te King* chega ao século XX após mais de quatro mil anos como um corpo de conhecimento e sabedoria ainda vibrante, amplamente confirmado como essencial para os muitos livros do Tao da Nova Era — *New Age* — oferecidos ao público leitor.

Vim a travar conhecimento com o *I Ching* na condição de um jovem executivo/gerente, por meio dos programas de treinamento em "sensitividade" e "crescimento pessoal" durante os anos 60. Essas experiências exerceram sobre mim um forte impacto em um nível intuitivo, naquela época... e mesmo agora ainda me fazem perguntar por que tantas coisas importantes realmente não mudam.

Reaproximando-me posteriormente do *I Ching*, compreendi que seus ensinamentos têm grande utilidade como um guia para os gerentes... que a arte e a capacidade de gerenciar vão além das aptidões de ser um "chefe" ou "líder"... que as necessidades e os recursos do século XX tornam possível e necessário que gerentes de todos os níveis sejam produtivos; cresçam com eficiência; e alcancem grande satisfação e recompensa material no curso de uma carreira profissional cercada também por armadilhas e perigos.

O taoísmo é um antigo ensinamento místico cujo percurso pode ser retraçado ao longo de aproximamente cinco mil anos. Ele enfatiza o desenvolvimento harmonioso dos elementos físicos, sociais e espirituais da vida humana... e a auto-realização do ser por inteiro na existência cotidiana.

O *Tao* significa "o Caminho", e o *I Ching* ou *te King* significa "o livro da mudança ou da transformação". O *I Ching* veio evoluindo a partir da contribuição de vários filósofos no decorrer de muitos séculos e dos comentários de acadêmicos durante o mesmo período, como um trabalho vivo de grande sabedoria e efetivo valor prático para um estudante ou para você, um gerente.

Aceitando e compreendendo o Caminho e conquistando a harmonia com a ordem universal, o gerente existe em comunhão com seu tempo e com a realidade que o cerca. Ele se torna mais capacitado a esclarecer a si próprio e aos outros (associados, subordinados, superiores, funcionários públicos, consumidores e fornecedores, para nomear apenas alguns) e a cumprir satisfatoriamente suas tarefas.

Podemos seguramente afirmar que os ensinamentos e o Caminho do Tao falam diretamente à gerência por intermédio de: (1) receptividade para a realidade; (2) compreensão imparcial; (3) percepção de quando agir e quando não agir; e (4) neutralização da subjetividade e arbitrariedade como base para a ação.

Para ser realística e prática, a gerência é orientada para a tarefa, quer ela seja de natureza comercial ou não. O gerente de hoje é um "gerente da mudança" em uma sociedade que pode ser descrita como altamente dependente e concentrada em torno da tecnologia e de elevados padrões de mudança. Por isso o gerente precisa desenvolver suas habilidades e seus dotes interiores para administrar a mudança influenciando sua taxa de incidência, direção e extensão. O caminho para o desenvolvimento de tais habilidades, conscientizações e predisposições se encontra no interior de cada um. Com relação a assuntos importantes, o gerente está sozinho.

O caminho profissional do dirigente de hoje apresenta obstáculos, perigos e armadilhas ao longo da rota para o sucesso e para a auto-realização. Emergências, problemas familiares e conjugais, abuso de drogas e medicamentos e os efeitos do estresse que encurtam a vida são apenas alguns dentre os "perigos para si mesmo" que um gerente tem de enfrentar. Perda de emprego e redução da auto-estima mediante desempenho inadequado estão sempre presentes como uma ameaça no caminho do gerente. O Tao capacita um administrador a liberar seus recursos interiores no caminho para o êxito, a realização humana e a satisfação.

O Tao previne contra a arrogância, o materialismo, a falsidade, o auto-engrandecimento, isto é, comportamentos e características egoístas. Como gerentes, todos temos observado esses traços em pessoas que consideramos "bem-sucedidas" e mesmo "heróicas" e nos perguntamos depois por que tais comportamentos egoístas são, com freqüência, tão largamente recompensados com sucesso material e reconhecimento social.

A senda do Tao está profundamente enraizada no comportamento ético. O gerente que segue essa senda evitará a rápida ascensão e queda do herói "pronto para o consumo". A senda do Tao na gerência é feita de conquista, harmonia e busca do potencial próprio. Para dar cumprimento a isso, os ensinamentos éticos do Tao permitem ao gerente estabelecer claramente um sistema de valores funcionais para evitar os desastres com que se deparam aqueles que administram de uma maneira superficial, egoística e mesmo violenta.

Sua maior recompensa e satisfação como gerente virá de uma carreira que continua ininterruptamente em direção a seu potencial mais elevado. Os recursos de que você lançará mão são aqueles que se encontram dentro de você mesmo... aqueles que proporcionam a habilidade e a conscientização para conduzir com maior produtividade seus recursos pessoais e os de sua empresa. Essa é a senda do Tao.

Que o Tao esteja com você.

O Tao da gerência

O Criativo — *Ch'ien*

1. O Criativo

O criativo representa a força do Tao, você e sua organização.

A força nasce, expande-se, realiza-se e consolida-se. Se algum desses aspectos da força estiver faltando, a qualidade criativa da força não está completa.

O gerente nunca deve confundir a força — o poder, o vigor — com a força bruta e material. Não são a mesma coisa.

Ele se concentra no cumprimento de sua(s) tarefa(s) e aparece o mínimo possível.

A arrogância representa o extremo de saber alguma coisa sobre vencer, mas nada sobre perder. A arrogância bloqueia o gerente, pela diminuição de sua força criativa.

O Receptivo — *K'un*

2. O Receptivo

Receptiva é a natureza do homem que serve. É o posto do segundo colocado. Assim devem todos os gerentes descrever a si próprios.

O gerente se torna receptivo, concessor, dedicado, moderado e correto.

A mente receptiva é obediente aos princípios naturais e é capaz de fazer brotar da confusão o entendimento.

O gerente faz as coisas corretamente, empenha-se no cumprimento de suas obrigações e completa suas tarefas sem artifícios.

Dificuldade no Início — *Chun*

3. Dificuldade no Início

Todos nós experimentamos dificuldade no início. Isso ocorre quando o criativo e o receptivo se unem para criar. Este é sempre e naturalmente o caso.

O sucesso de um gerente ao lidar com a dificuldade no início é adquirido através da perseverança, do adiamento das atividades e da seleção dos auxiliares.

A confusão da dificuldade resultará em ordem.

O gerente persegue as metas dentro de um ambiente onde prevalecem a hesitação e os obstáculos. Ele se subordina a seus inferiores para que os corações de todos sejam conquistados.

Assim, a correção de estilo da gerência ao lidar com a dificuldade abre espaço para a criatividade e resulta em sucesso.

蒙

Escuridão — *Mêng*

4. Escuridão

A escuridão provém de um uso equivocado do intelecto, reduzindo dessa forma a sagacidade.

Essa sagacidade fictícia resulta na procura de uma realidade que já se encontra presente.

Um gerente deve ser aberto, calmo, sincero e sério. Ele trilha a senda da transparência.

A inocência necessária no meio da escuridão é a inocência que é consciente da escuridão.

A escuridão é uma confusão que impulsiona o gerente ao subseqüente esclarecimento.

需

À espera — *Hsü*

5. À espera

O gerente que é são, forte e capaz de administrar em meio ao perigo está "à espera". Esperar é armazenar forças.

Não seja confiante em suas supostas forças. Não venha a nutrir esperanças em oportunidades remotas da sorte.

A consciência do perigo requer cautela, cuidado, o refinamento de si próprio e a espera do tempo apropriado.

Quando chega o tempo apropriado, depois da espera, o gerente age de uma forma apropriada. Ele é forte e conhecedor do perigo.

Disputa — *Sung*

6. Disputa

Polêmicas, brigas e discussões em torno do certo e do errado são comportamentos que desviam da harmonia. Resultam em uma perda do equilíbrio para o gerente, para a equipe e para toda a empresa.

Seguindo a trilha do Tao, o gerente adquire uma aguda conscientização de seu temperamento e da natureza daquele temperamento que é mais prejudicial.

Cautela e moderação são temperadas pela força interior e pela contenção da agressividade exterior. Um gerente não procura a justiça exterior.

Todos nós sabemos que vencer uma discussão não é o mesmo que conseguir com que o trabalho seja feito.

師

Militância — *Shih*

7. Militância

Na militância, o gerente escolhe a forma de punição e execução, o comando e a autoridade... e necessita da habilidade para a mudança com o objetivo de ser eficaz.

Quando há paz, o gerente militar, mesmo o grande líder militar, não é necessário.

Nem sempre é possível restaurar a paz em tempos perigosos. Aqueles que provocam distúrbio e ruptura freqüentemente são disciplinados por um gerente inflexível.

Um gerente em tempos de militância procede de maneira metódica. Ações realizadas com ignorância resultam em baixas e na perda de associados valiosos e aliados externos.

Algumas vezes, uma retirada sensata pode evitar erros.

Quando a ordem é restaurada, não há mais necessidade de punição e execução. Então o gerente recompensa as conquistas meritórias e castiga aquelas de pouco ou nenhum mérito.

 Acordo — *Pi*

8. Acordo

Um gerente deve obter a união e o acordo entre o que é certo e o que é real, e precisa se assegurar intimamente de que essa concordância é baseada na verdadeira realidade.

O gerente deve ter a mente aberta e desejar dar para receber. O verdadeiro acordo e união com os que estão ao seu redor podem vir apenas de dentro.

Além disso, um gerente torna-se conhecido por seus associados. A união com pessoas ignorantes e estúpidas refletirá mal.

O verdadeiro acordo clama pela liderança. Na verdade, um gerente deve se assemelhar a um verdadeiro líder ou professor. Não há nada errado em pedir auxílio e/ou orientação.

Fortalecimento pelo Pequeno — *Hsiao Ch'u*

9. Fortalecimento pelo Pequeno

A gerência a partir dos níveis mais baixos leva ao desenvolvimento, mas pode significar um pequeno desenvolvimento para a empresa e para as pessoas que fazem parte dela.

Entretanto, um gerente que caminha lado a lado e entre o seu pessoal conhece a grandeza e é humilde. O gerente cresce através da humildade.

Ela deve representar uma compreensão valiosa e ser objeto de reflexão para atingir uma honesta auto-avaliação.

履

Marcha — *Lü*

10. Marcha

Marchar significa avançar.
O gerente necessita de firmeza de propósito aqui, e deve atuar com mente vigorosa, energia robustecida e sinceridade.

Quando em marcha, evite a ação impetuosa, porque a ignorância e a incompetência só podem trazer infortúnio.

O gerente pratica o autodomínio em tempos de perigo.

Tranqüilidade — *T'ai*

11. Tranqüilidade

Tranqüilidade é harmonia.

Isso indica crescimento no sentido de que o pequeno vai e o grande vem, e a empresa segue em harmonia. Há um tempo apropriado para cada coisa no decorrer do trabalho.

O tempo apropriado para obter vantagem da oportunidade pode trazer tranqüilidade.

A tranqüilidade pode ser perdida pela fraqueza. O gerente equilibrado e flexível pode transformar a oposição em submissão. Administre com vigor ao mesmo tempo em que aja com docilidade, de forma a alimentar sua força com fartura.

Um objetivo básico para os gerentes é obter a harmonia e preservá-la.

Obstrução — *P'i*

12. Obstrução

A obstrução existe sempre em oposição à harmonia. Por meio da obstrução, o grande se vai e o pequeno vem.

A meta do gerente é imediatamente proporcionar o equilíbrio. Esconder o obstáculo ou apenas ignorá-lo significa que o gerente não sabe que existe obstrução ou bloqueio dentro da empresa.

Em ocasiões de bloqueio individual ou empresarial, é útil e mesmo necessário voltar e recomeçar. O gerente reverte o fluxo dos acontecimentos e restaura a tranqüilidade.

É bom que o gerente esteja a par do curso dos acontecimentos que ocorrem ao seu redor.

Companheirismo e Equiparação — *T'ung Jên*

13. Companheirismo e Equiparação

Companheirismo e equiparação são destacados pelo caráter do gerente, não por sua posição.

Um gerente deve, habilidosa e sinceramente, misturar-se e equiparar-se aos outros. Essa verdadeira identificação com os outros é portadora de crescimento.

Não seja um companheiro dos tempos de bonança. Seja verdadeiro nas boas e más ocasiões.

O gerente deve sempre reconhecer que existem pessoas às quais não deve se equiparar. A equiparação como técnica de gerência se baseia na correção e em outros fatores racionais, nunca na emoção.

A verdadeira reciprocidade existe como um resultado da atividade verdadeiramente natural e produtiva. O gerente cresce interiormente ao mesmo tempo em que, de fora, ajuda os outros a crescer.

Esta é a condição na qual o gerente está apto a se ajustar à mudança e a estabelecer metas verdadeiramente significativas.

Grandes Posses — *Ta Yu*

14. Grandes Posses

Grandes posses representam o êxito e a recompensa obtidos através dos esforços de gerência e do trabalho eficaz.

O gerente deve ser firme e flexível, de modo que o que é grande crescerá com mais grandeza. O gerente sempre constrói sobre a força.

A condição individual e organizacional requer o fortalecimento interior e a recusa das aparências.

As recompensas diárias exigem uma renovação diária por parte do gerente.

Humildade — *Ch'ien*

15. Humildade

Humildade significa ter grandes posses e não construir sua casa sobre elas.

Quando falta humildade, o gerente e sua empresa se tornam vazios, desrespeitosos e preguiçosos.

A humildade é reconhecida por sua qualidade e duração. Ela deve ser praticada tanto nas situações favoráveis quanto nas desfavoráveis.

A verdadeira humildade a tudo enriquece. A saciedade acarreta o ressentimento.

O gerente segue humildemente o forte, trabalha com afinco e estende sua humildade para cima e para baixo.

Não subestime o efeito positivo da autêntica humildade.

Alegria e Entusiasmo — *Yü*

16. Alegria e Entusiasmo

A alegria resulta da posse de alguma coisa grande quando existe humildade.

Nenhum gerente deve ser tão tolo a ponto de se regozijar pela associação com pessoas banais. A alegria na empresa pode levar à inércia.

O gerente segue sua própria e verdadeira trilha, e não seus anseios pessoais. Ele está em acordo com o Tao a fim de que a alegria não se perca.

Essa alegria da conquista é obtida através da utilização, pelo gerente, de decidida força.

Seguir — *Sui*

17. Seguir

Seguir leva ao crescimento. Outros se regozijam quando alguém age. O gerente está satisfazendo as expectativas dos outros.

Seguindo pela trilha da meta desejada, o gerente tem a oportunidade de introduzir gradualmente a orientação. Ele identifica o tempo para a ação e a calmaria, e outros tempos para o avanço e a retirada. Não deveria ser necessário lembrar que o seguimento ou acompanhamento requer muito cuidado no início.

Um seguimento ou acompanhamento frágil resulta na perda de realidade e, então, na perda de tudo o mais. O seguimento resulta na força somente pela permanência, sem afastamento, do correto... e por seguir enquanto confia na bondade.

Como gerente, não é razoável esperar que os outros o sigam antes que você os tenha seguido.

O Tao acautela contra a ignorância e o excesso.

Degeneração — *Ku*

18. Degeneração

O gerente se depara com a degeneração seguindo a alegria e o entusiasmo e sabe que a degeneração humana e organizacional são precondições para a reparação.

O gerente retorna aos fundamentos a partir dos quais o caminho da reparação seguirá. Ele sabe que a ação será necessária, uma vez que a degeneração não pode ser corrigida em um ambiente de vazia tranqüilidade.

Esta ação situa o gerente em um cenário de perigo e dificuldade. Ele não deve ser excessivamente rigoroso ou frágil na correção... e é bom que saiba se as coisas se acham degeneradas ou não.

Com freqüência, esse é o momento para utilizar a força e a clareza de outros para vencer sua própria ignorância e restituir as coisas a um estado de não-degeneração.

A fama e o lucro não são seus alvos aqui. Os valores espirituais e as virtudes abrirão espaço para a não-degeneração.

Lidar efetivamente com a degeneração resultará em grande progresso para o gerente e sua empresa.

Supervisão — *Lin*

19. Supervisão

A supervisão é o coração e o cerne da gerência. A supervisão é simultaneamente criativa e portadora de crescimento sempre que o processo se torna crescentemente manifesto e expansivo. Todos os sistemas portam "sinal verde", e os fatores negativos são reprimidos. O gerente evita a negligência e a impetuosidade. Ele identifica as oportunidades adequadas e delas tira proveito de uma maneira correta. Quando a supervisão é criativa e portadora de crescimento, não há obstrução.

Não procure as "determinações rápidas". Movimentos excessivamente rápidos redundam em regressões repentinas.

Um gerente procura sempre por orientação e auxílio. A supervisão é uma expressão definitiva da administração e o resultado é o cumprimento tanto do início quanto do final.

觀

Observar — *Kuan*

20. Observar

O gerente é sempre um observador alerta e cuidadoso. A observação requer clareza de mente e está intimamente relacionada com a degeneração. A observação atenta é o caminho para a correção da degeneração.

A sinceridade proporcionará aceitação e sucesso ao gerente. A veracidade interior dissipa as influências adquiridas.

A receptividade e a ação rápida repousam nas habilidades e na observação do gerente. Não aceite o falso e rejeite o real.

É este o tempo para o gerente examinar seu próprio crescimento e o crescimento dos outros. Construa sobre a força.

Resolução — *Shih Ho*

21. Resolução

Resolução significa agir com infalível clareza e claro entendimento. É bem gerenciar.

Um gerente pode praticar apenas o que de forma clara e cabal compreende. A qualidade das ações se baseia na compreensão.

Resolução implica "agarrar decididamente" uma situação em sua totalidade e não apenas "aparar as arestas" ou "puxar delicadamente" a casca em torno da polpa.

A resolução requer e demanda uma autêntica compreensão. O gerente despreza a falsidade e mantém-se fiel à verdade.

Ornamento — *Pi*

22. Ornamento

O ornamento representa o embelezamento. Gerenciando por meio da observação, atingimos uma condição onde a clareza se torna estabilizada. A clareza e a serenidade se ornamentam mutuamente. Um gerente não permite que a serenidade degenere em quietismo.

O gerente valoriza a clareza como um local de repouso e serenidade. Ele não a utiliza superficialmente como a clareza da iluminação. O ornamento em si é portador de crescimento, mas só resulta em progresso quando não é exagerado.

Nesse momento o gerente amplia o conhecimento e a sabedoria. Ele veda o caminho ao artifício externo e não permite que o ornamento e a exuberância sirvam de obstáculo à clareza de entendimento.

O verdadeiro ornamento é a reciprocidade entre clareza e serenidade, e é um meio pelo qual o trabalho de velado esforço e prática silente não é obscurecido.

Descascar — *Po*

23. Descascar

Descascar é despojar-se de tudo e, dessa forma, não deixar nada.

O gerente que se deixa levar pelos seus anseios e consegue apenas ir à frente, sem dar um passo atrás, termina por perder a essência básica. Comer a fruta e atirar fora o caroço ocasiona o desastre.

Embora se possa descrever mais facilmente o descascar em termos materiais e financeiros, seu maior impacto para o gerente se dá nos terrenos humano e espiritual.

Retorno — *Fu*

24. Retorno

Retornar significa voltar atrás, e é portador de crescimento.

É necessário conhecer o momento certo do retorno, não procurá-lo temerariamente na ocasião errada e, definitivamente, não perder uma oportunidade favorável.

O gerente deve prestar acurada atenção ao retorno, visto que ele requer o seguimento do trabalho de uma forma ordeira. O bem deve ser restaurado gradualmente, dado que a restauração imediata é inerentemente instável.

Enquanto o retorno é sempre possível para o gerente e sua empresa, ele é obstruído quando alguém é iludido pelos anseios pessoais e confundido por influências externas.

Há no retorno um grande crescimento para o gerente, mas é preciso ser cauteloso no início.

O retorno instável requer a repetição. O gerente decidido se movimenta através de ocasiões arriscadas e empreende o retorno muitas vezes.

Essa capacidade está relacionada com o aprendizado, a derrota e o esforço diligente do gerente.

无妄

Fidelidade — *Wu Wang*

25. Fidelidade

O gerente conduz a si próprio com sinceridade corajosa: é criativo e portador de crescimento sem duplicidade.

A fidelidade é genuína. O gerente deixa de lado as influências externas enquanto atua de forma temporalmente favorável, utilizando a força adequada.

Não siga os artifícios de sua mente buscando tesouros de forma errônea. Você precisa dar antes de poder receber.

Os benefícios da verdadeira fidelidade podem ser imensos... como também podem ser os infortúnios.

大畜

Fortalecimento do Grande — *Ta Ch'u*

26. Fortalecimento do Grande

O gerente fortalece e desenvolve sua energia restaurada para torná-la maior, mais indestrutível e incorruptível. A força de cada um se acalma neste caminho, de modo a se nutrir e crescer.

Este é um caminho sem violência. A grandeza do fortalecimento resulta em um grande desenvolvimento.

A força é equilibrada, estabilizada e desenvolvida até seu mais alto nível, um nível de consumação. A força indevidamente promovida traz aqui o infortúnio. Ela é para ser nutrida no início.

Um gerente trilha este caminho com decisão e um espírito pleno e íntegro.

Alimento — *I*

27. Alimento

Na nutrição, a ação e a serenidade se tornam unificadas. O gerente escolhe e agarra rapidamente o que é bom e busca a plenitude por meio do vazio.

Para dentro de si observando a verdade e a falsidade, o gerente alimenta o correto e se livra do incorreto.

O alimento, como a plenitude, deve ser buscado pelo gerente através do olhar para o seu interior, esvaziando sua mente das coisas irrelevantes.

Seja cauteloso no início... não aja na ignorância, nem se deixe distrair pelo desejo e pela loucura dos homens.

Excesso — *Ta Kuo*

28. Excesso

O gerente deve ser precavido ao lidar com o excesso e não ser indulgente para com ele.

Por exemplo, a grande força pode produzir grandes danos quando empregada em excesso. Os danos se voltarão contra seu agente. Evite o uso excessivo da força sabendo como e quando recuar.

A fraqueza excessiva é tão nefasta quanto a excessiva força. Harmonia, adaptabilidade, evitar o perigo e estar ciente dos riscos imbuem o gerente da firmeza e da flexibilidade necessárias para evitar o excesso.

O excesso da grandeza não pode jamais ser unilateral ou parcial. O gerente fará bem em reconhecer isso de forma a não atrair, direta ou indiretamente, grande infelicidade sobre si mesmo.

Armadilhas — *K'An*

29. Armadilhas

Armadilhas representam perigo. Um gerente deve saber como se conduzir diante do perigo. O caminho da prática é seguido... trata-se da prática do bem, porque o bem é o caminho de saída do perigo.

Para que alguém possa se livrar do perigo, é preciso que acredite nele. A crença dirige a mente do administrador. Esta crença evita a distração e possibilita a prática do bem.

Há grande simplicidade em acreditar no perigo e na necessidade de praticar para sair dele. Isso é portador de crescimento e de grande benefício para o gerente e sua empresa.

Um gerente que repete armadilhas e vive continuamente em risco é autodestrutivo.

Fogo — *Li*

30. Fogo

O fogo é purificador, esclarecedor e benéfico para a correção e para o desenvolvimento.

O desenvolvimento de um gerente é assistido pelo fogo unicamente se o uso e o estímulo de sua iluminação forem conhecidos. É a iluminação interior referida aqui que representa a base para qualquer outra iluminação.

A iluminação (tanto a interna quanto a externa) tem como resultado a conscientização aberta, a clareza e a trilha do bem. O trabalho iluminado é correto e proporciona a boa fortuna. O gerente deve procurar a iluminação constantemente com o objetivo de utilizá-la.

Quando não é iluminado, o gerente está ciente disso e busca a iluminação dos outros. Isso abre a mente, produz o entendimento e transforma a fraqueza em força.

Estimule a iluminação, a fim de evitar a perturbação que aflora do excesso.

O gerente que lida apenas com a iluminação externa se torna fraco, incapacitado e impotente para a ação. Do ponto de vista da administração, saber que alguém não está iluminado é passível de reparação.

Sensibilidade — *Hsien*

31. Sensibilidade

Sensibilidade significa sentimento e influência. Ela representa a harmonia. O caminho da sensibilidade tem o potencial de ser igualmente portador de crescimento ou de riscos.

O gerente deve agir com autêntica espontaneidade e ignorar a influência externa e os desejos humanos. O fracasso na conquista de uma condição genuína de sensibilidade resulta na humilhação.

Palavras inteligentes e artificialidades externas não representam a verdadeira sensibilidade.

Constância — *Hêng*

32. Constância

A constância está relacionada com a longa persistência e com a genuína aplicação. Ela é uma valiosa prática de gerência.

Enquanto o fogo envolve a iluminação interna e externa voltado para a profunda consecução da realização pessoal, a constância orienta o gerente em direção a uma aplicação sincera e corajosa da vontade. O administrador não é preguiçoso e não deixa afrouxar as rédeas.

Este pode ser um caminho vigoroso e positivo para o desenvolvimento.

Todos nós vemos gerentes e seus associados que são capazes de constância, mas são constantes ao longo de caminhos divergentes. Eles procuram o êxito dessa maneira, porém na verdade aceleram seu colapso pessoal e profissional.

A constância correta impulsiona o gerente a transpor completamente diferentes espécies de verdades.

Esta é uma trilha de ação para o gerente... porque sem ação não existe constância. A avaliação vazia e o autoengrandecimento são inevitavelmente seguidos pela ruína, assim como a queda segue inexoravelmente a elevação às alturas.

A auto-ilusão é uma prática pobre de gerência e não corresponde à senda do Tao.

Retirada — *Tun*

33. Retirada

O gerente recua quando se retrai, utilizando a força com restrição. Isso lhe traz desenvolvimento e preserva as influências externas da perda da energia.

A cautela no início é ainda uma vez assinalada aqui pelo Tao.

Evite embaraços pessoais não agindo arbitrariamente. O gerente subjuga a energia e aceita a verdade.

Este é um caminho onde a força e a flexibilidade atuam conjuntamente, permitindo liberdade e independência para o administrador. Esta é uma escolha individual de gerência.

大壯

Grande Poder — *Ta Chuang*

34. Grande Poder

O grande poder é a incessante força interior e a eficácia na ação. Esta é a razão pela qual é chamado grande poder.

O gerente com grande poder vivencia uma orientação extraordinária na vida e faz aquilo que os outros não conseguem fazer. Ele transcende a esfera ordinária e leva a cabo aquilo que é raro.

O desvio do caminho da realidade (do Tao), a ignorância do perigo e a escusa da mudança podem resultar no prejuízo da vida pelo poder. Não há então nenhum valor no poder.

O gerente que segue este caminho sem cuidado e cautela no início arrisca-se às conseqüências do fracasso, do risco e do perigo.

O grande poder precisa se manter em equilíbrio pelo gerente afortunado que o possui. O autodomínio permite que ele detenha intimamente mais do que a necessária força e seja poderoso sem incorrer em excesso.

A fraqueza sem a força sólida torna impossível para o gerente (ou para a empresa) ser vigoroso, mesmo quando o momento e a situação clamam por vigor. O fraco e incapaz procura por um mestre.

Estudar, praticar e trabalhar intensamente, ao mesmo tempo em que luta intensamente, é tornar-se poderoso refugiando-se no que é certo.

O caminho do Tao... virtude e correção conduzem à conquista do grande poder.

Avanço — *Chin*

35. Avanço

Avanço é o progresso gerencial que se baseia no entendimento e na crescente iluminação.

O gerente restitui iluminação à escuridão da mente fechada por meio da obediência, da escolha do momento de agir e da verdade.

Procure a iluminação quando ela não estiver desenvolvida e não se precipite em promovê-la por entre as brumas da escuridão. Procure a iluminação dos outros, quando necessário.

O gerente está seguro quando em estado de tranqüilidade e paz. Não existe situação de gerência onde não se possa utilizar a iluminação e não há lugar que possa causar dano à verdadeira iluminação.

明夷

Ocultamento da Iluminação — *Ming I*

36. Ocultamento da Iluminação

Quando a força na ação resulta em avanço sem recuo, o poder é excessivo, prejudica a iluminação do gerente e arruína o poder.

O gerente não oculta sua iluminação no lugar mais secreto e não a utiliza superficialmente. O ocultamento e o fortalecimento da iluminação interna e externa permitem que ela fique livre de defeitos.

Quando a iluminação não penetra a realidade, é provocada uma injúria.

Essa injúria faz o gerente recuar e ocultar a iluminação. O ferimento externo não significa uma ferida interior. Recue e oculte a iluminação quando sofrer um dano.

Este é o "controle do prejuízo" do Tao e corresponde a uma boa prática de gerência.

A iluminação deve ser fortalecida, armazenada e estar disponível.

Domínio Interior — *Chia Jên*

37. Domínio Interior

O gerente purifica a si próprio, controla sua mente e volta sua atenção dispersa para um olhar fixado internamente.

Não sendo firme na purificação o gerente permite que a preguiça, a artimanha e a auto-indulgência destruam a ordem. Ele é humilhado.

O equilíbrio aqui unifica a firmeza e a flexibilidade, e possibilita que se investigue e se persiga a trilha do aprimoramento em direção a um propósito de autodesprendimento.

O autodomínio, o autodesprendimento e a purificação do "eu" interior constituem um tema importante.

Desarmonia — *K'uei*

38. Desarmonia

Todos os gerentes se defrontam com a oposição mútua e sabem que ela está mais firmemente estabelecida logo que surge. Também pode ser estabelecida corretamente quando em pleno vigor.

O gerente deve trazer a união da desarmonia. A mente precisa restaurar a luz que vem de dentro. Quando isso é feito e os desejos são afastados e se esquecem os sentimentos, é possível reconciliar a desarmonia.

A desarmonia pode ser provocada por nós próprios onde ela não existia. O gerente prejudica o interior ao se empenhar arduamente pelo exterior, ao aceitar o que é falso. Existe um fim, mas não um começo. Arrepender-se é útil quando há desarmonia apenas se você se arrepender no início e no final.

Tome cuidado com as pessoas com quem você se associa. Associe-se às pessoas certas, porque há desarmonia na solidão. Não gerencie no vácuo.

E, o que é mais importante, aponte a desarmonia abertamente, tire proveito do momento certo de agir e utilize a disposição dos pequenos assuntos para corrigir a desarmonia naqueles que são grandes.

Ao gerenciar, preste atenção às pequenas coisas, mas determine igualmente os grandes temas, visto que eles não cuidarão de si mesmos.

Interrupção da marcha — *Chien*

39. Interrupção da marcha

O gerente interrompe a caminhada. Pára em meio ao perigo. Avançar, aqui, é difícil, porque o perigo extremo sobrecarregou o intimo com a influência externa. Estacar permite ao gerente lidar com o perigo e se livrar dele.

O gerente controla o perigo pela serenidade e o dissipa por meio da ação. Serenidade e ação são ambas funções da mente do Tao.

O gerente é prudente ao interromper a marcha quando a fraqueza está presente. A busca de orientação de terceiros e a formação de alianças com pessoas certas ampliam seu conhecimento e sua sabedoria.

Recomenda-se antes ao gerente seguir o Tao sendo firme e não se meter em dificuldades.

Libertação e Liberdade — *Hsieh*

40. Libertação e Liberdade

A prática sadia da gerência convida a tirar partido do momento favorável.

Retornar sem ter ido a lugar algum não ocorre por meio do esforço humano. Ocorre espontaneamente em um dado momento e provém da natureza. Entretanto, quando chega o momento da natureza, o empenho humano é necessário.

O gerente deve lançar mão dos recursos interiores para se livrar do perigo e da dificuldade... e para ser capaz de agir livremente como pretende. Enquanto a presteza atrai boa sorte, a morosidade aqui resultará em fracasso.

A libertação pode ser atingida independentemente da condição de cada um. Quando você estiver fraco e desamparado e o perigo for extremo, associe-se às pessoas certas e tome sua força de empréstimo.

A inflexibilidade sozinha não cria força suficiente para libertar. Ser forte não executará o trabalho onde a fraqueza estiver presente. O equilíbrio entre fraqueza e firmeza representa a libertação do Tao que sublima toda dificuldade.

A escolha do momento, o conhecimento, a iluminação e o verdadeiro reconhecimento fazem a diferença entre o sucesso e o fracasso da gerência.

Redução — *Sun*

41. Redução

Um gerente diminui aquilo que é excessivo, ampliando dessa forma a realização.

Falando em termos práticos, há poucas coisas mais importantes para um gerente que terminar as tarefas que iniciou.

Esta é uma prática muito positiva e sutil na administração. Cólera, cobiça e outras condições desagregadoras corroem a realidade natural das tarefas e metas propostas.

Praticar a redução em uma base diária é aumentar diariamente a realização.

Cautela no início, redução consciente e sinceridade produzem um aumento espontâneo da força e da perfeição no início e no final.

Aumento — *I*

42. Aumento

A gerência eficiente acrescenta e aumenta o que está faltando tanto em nível individual quanto organizacional.

A meta aqui consiste em eliminar os hábitos compulsivos. Isso constitui a gerência de si mesmo. Aumentar por meio da redução o processo fundamental de gerência de sempre concluir o que se começa.

Não há necessidade de discorrer sobre o efeito de inícios sem finalizações, ou sobre os riscos e perigos de auxiliar os outros antes de desenvolver a si mesmo. A gerência é sempre "auto-gerência" em primeiro lugar.

"Faça como eu digo, não faça como eu faço" não é o caminho do Tao.

Afastamento — *Kuai*

43. Afastamento

O gerente afasta a si próprio das coisas mundanas. A influência temporal do vinho, do sexo e as armadilhas da riqueza confudem aqueles que *precisam* dirigir sua própria mente. A mente humana aprecia essas coisas.

Uma profunda compreensão do processo, a flexibilidade e a observância do tempo favorável gradualmente eliminarão do gerente o acúmulo das coisas mundanas. A iluminação espontânea se seguirá rapidamente.

O gerente deve evitar a força excessiva. O afastamento é um processo natural onde a razão prevalece sobre a autoridade.

A impetuosidade deve ceder lugar a uma senda que margeia entre a intensidade e a lassidão.

Uma advertência final: esteja alerta e precavido. Não deixe que as coisas mundanas o apanhem de surpresa.

Encontro — *Kou*

44. Encontro

Todos nós já observamos o gerente que não é sagaz... que se senta e observa a frivolidade do mundo (e é até condescendente com ela) e não pode evitá-la.

As coisas mundanas e os obstáculos são encontrados constantemente. O gerente que segue o caminho do Tao os repele tão logo os encontra.

A energia do mundano é negativa e atua como um freio. Ela pára tudo e é absolutamente difícil de subjugar.

Uma definição de arrogância seria a lentidão de um gerente em afastar as coisas mundanas.

Reunião — *Ts'ui*

45. Reunião

O benefício portador de crescimento da reunião do que é certo por parte do gerente é de altíssimo alcance.

Isso concentra vitalidade e energia. O gerente que corrige a si próprio e aos outros pode verdadeiramente ser descrito como uma grande pessoa.

É o gerente tolo que vê o tempo passar e então, alto e bom som, lamenta-se de um final infeliz. Isso também pode ser descrito como negligência no início.

Visto que nem todos (ou muitos) os gerentes são grandes pessoas, um gerente fraco, incapaz e medíocre pode experimentar alegria, iluminação e realização por tomar de empréstimo a força e a sabedoria dos outros.

Ascensão — *Shêng*

46. Ascensão

O desenvolvimento da gerência pode ser apropriadamente descrito como uma escalada da planície para as alturas. É também uma meta significativa para o gerente e sua empresa. A ascensão traz máximo crescimento e representa um caminho metódico e gradual.

Aprender com aqueles que podem ensinar e evitar a prática cega proporciona ao administrador uma trilha clara para a realização sem empecilhos ou obstrução.

A ignorância, a ação arbitrária e as vãs suposições de crescimento resultam no caminho para a escuridão, não para a iluminação. É a sabedoria do mestre que restaura a auto-realização como se ela tivesse sempre estado presente.

Esta é uma clara afirmação de uma meta elementar de crescimento gerencial. Evite a condescendência, a auto-satisfação e a falsa alegria.

Exaustão — *K'un*

47. Exaustão

A gerência não constitui uma exceção diante do fenômeno da exaustão. Esta é um obstáculo inevitável com que se deparam continuamente todos os indivíduos e empresas.

O gerente que só se presta à bonança e aos momentos felizes acusa os outros e reclama. Seu principal interesse é habitualmente o material. Entretanto, um corpo exausto pode contornar o obstáculo se a mente (o "eu" interior) não estiver exausta.

Realização e sucesso à custa de um árduo esforço não podem ser obtidos de imediato. Depois da exaustão, o adequado é o crescimento gradual.

Assim como em muitas armadilhas e obstáculos de gerência, a ação arbitrária e ignorante cria ainda mais exaustão e é autodestrutiva. Um gerente procura o progresso harmonioso.

A Fonte — *Ching*

48. A Fonte

Todo gerente está profundamente envolvido no desenvolvimento de terceiros, tais como subordinados, associados e mesmo superiores.

Contudo, poderia ser dito muito simplesmente que o mais importante projeto de crescimento para o gerente é seu autocrescimento. Esta é uma precondição para o crescimento de outros.

Procurar o crescimento alheio antes de atingir as próprias metas resultará sempre em *não* ajudar os outros e também em perder a si mesmo.

Por outro lado, desenvolver os outros através do autodesenvolvimento fortalece a eles e a si próprio, e representa uma efetiva conquista para a empresa.

O autocrescimento é a verdadeira base para uma fonte inexaurível de fortalecimento e crescimento para todos.

Desprendimento — *Ko*

49. Desprendimento

Todo gerente deve libertar-se de seu ego para trilhar uma senda de crescimento e criatividade.

De igual importância para ele é a libertação, por parte do "eu" interior, de seus desejos pessoais. Isso eliminará os vestígios de obsolescência e o transformará, juntamente com sua empresa.

O desprendimento é a revolução passiva da grande pessoa; ele está então apto a reformar os outros e sua empresa.

A sinceridade, o desprendimento e a força iluminada devem ser objeto de árduos esforços da parte do gerente e daqueles que o cercam.

Aquecimento Refinado — *Ting*

50. Aquecimento Refinado

No autocrescimento, o gerente alcança a iluminação e, então, a refina seguindo um processo iniciático que solidifica sua vida e sua força.

Esse processo é portador de crescimento e é bom. O processo e o procedimento de refinamento devem ser diligentemente seguidos. O gerente não pode se desviar.

Descarte o velho, compreenda a essência e a vida, e antecipe os riscos. A iluminação espontânea queimará as coisas mundanas adquiridas.

A iluminação se promove lentamente, de acordo com o processo, e é atentamente vigiada.

Ação — *Chên*

51. Ação

A essência e a expressão da gerência é a ação. Mais claramente, é dentro da ação contínua que o gerente busca seu próprio crescimento.

No meio da ação constantemente repetida, a atividade interior dos pensamentos íntimos estabelece a qualidade da atividade externa, chamada de negócios do mundo.

O gerente segue o caminho do Tao... da claridade interna e da consistência do pensamento... fortalece sua energia e proporciona atividade genuína sem impedimento para a ação.

Na fraqueza, tome emprestada a força de outros. Seja prudente, sobretudo com a própria fraqueza.

O caminho de ação do Tao não é afetado por vicissitudes.

Serenidade/Parada — *Kên*

52. Serenidade/Parada

Na parada, o gerente se torna interna e externamente sereno. Nesta parada existe a serenidade testada com ação. Esta não é a serenidade da inação.

Parar no lugar certo sem oscilações é um meio de testar e aprender, alternando entre ação e inação.

O gerente que procura a trilha do Tao e a conquista da auto-realização não se permite deixar seduzir pela vitória e pelo triunfo rápido.

Não há benefício em gerenciar por meio da fragilidade ou do discurso vão. Conhecer o Tao é saber quando parar.

Progresso Gradual — *Chien*

53. Progresso Gradual

O caminho do Tao que conduz à auto-realização e à conquista de metas é um processo sutil...uma extensa trajetória de trabalho.

A gerência de si próprio e dos outros em direção a essa meta é, por natureza, gradual.

O sucesso rápido não é o caminho do Tao. Um progresso natural e gradual, um progresso regular, produz a maneira correta de investigar integralmente a verdade e compreender inteiramente a essência que atinge o sentido da vida.

Não seja um gerente que envelhece sem realizações.

Comunicação Inadequada — *Kuei Mei*

54. Comunicação Inadequada

É inadequado buscar ativamente a alegria em um caminho onde o comportamento obedece à emoção.

O gerente que segue o Tao não utiliza a emoção para buscar a essência. Isso é incorreto e inoportuno.

Utilize a essência para buscar o sentimento. Gerencie corretamente de modo que a alegria provenha do que pode ser adequadamente fruído.

Esteja ciente das muitas ocasiões em que o gerente deve esperar pelo momento adequado. Gerencie a si e aos outros de forma a poder retroceder do erro.

Riqueza — *Fêng*

55. Riqueza

O gerente que atinge a iluminação e a ação em harmonia encontra o caminho do Tao sem esforço e de maneira clara.

Esta é a riqueza verdadeiramente descrita por intermédio das palavras *plenitude* e *grandeza*. Esta riqueza é portadora de crescimento. O gerente é eficiente em seus pensamentos e ações. A iluminação e a ação são grandiosas. A riqueza foi conquistada.

Procure a iluminação no início por meio da orientação de outros. A força produz a riqueza no início.

Como em quase todas as atividades de gerência, não se deve associar com as pessoas erradas. Aqui descobrimos que a iluminação pode ser antes bloqueada que ampliada. Eis uma lição de gerência que nunca se aprenderá com excessiva perfeição e nunca será demasiado repetir.

O isolamento silencioso e o repouso saciado por intermédio da ignorância representam riquezas vazias que todos os gerentes serão prudentes em evitar.

O caminho do Tao é a obtenção de riqueza e presença por meio da conquista e do equilíbrio. Estes representam valores fundamentais da administração, bem como a importância de lidar com todos os temas de forma ajustada e de depender de si próprio, e não do destino.

Viagem — *Lü*

56. Viagem

A atividade e o desenvolvimento da gerência podem ser adequadamente descritos como uma viagem que se realiza sem interrupção. A iluminação está estabilizada do começo ao fim e não é usada temerariamente.

O caminho da gerência é, de certa forma, uma viagem só de ida. O gerente não permanece indevidamente fixado ao reino que atravessa. Isto é portador de crescimento.

A perturbação interior e a obscuridade exterior não atuam sobre o gerente para estragar sua viagem.

Não é necessário, aqui, demorar-se nos riscos que podem surgir por meio da fraqueza, da falta de clareza, da aspereza para com os outros ou, simplesmente, da má percepção quanto às oportunidades ou do mau comportamento.

O gerente em sintonia com o Tao opera sobre seu mundo sem destruí-lo e transcende o mundo enquanto está nele.

Aproveite suas viagens.

Flexibilidade e Obediência — *Sun*

57. Flexibilidade e Obediência

Nem sempre é possível gerenciar em um ambiente onde o mútuo entendimento e a ação estão consorciados.

A flexibilidade e a obediência proporcionam a persistência, o progresso gradual e a penetração. Este é o caminho do vento. Pequeno mas portador de crescimento.

O gerente se defronta aqui com uma necessidade real de adotar medidas práticas, progredir gradualmente e continuar até que o grande caminho esteja completo.

Para seguir a senda do Tao, o gerente sabe qual é o momento de se apressar ou de relaxar. Sabe o que trará bons resultados, e sabe quando deve parar.

Alegria — *Tui*

58. Alegria

A alegria é o deleite encontrado em gerenciar seguindo a trilha do Tao. Ela permite a prática do Tao. É portadora de crescimento.

O gerente que encontra a realização encontra a verdadeira realidade e a essência da alegria. A riqueza e o ganho material, por si sós, não trazem o deleite para o gerente que segue a trilha do Tao.

Que espécie de gerente você quer ser? Prefere possuir a alegria da força controlada e equilibrada, ou ser condescendente com sua satisfação pessoal e as aparências externas?

O Tao fala claramente sobre a justeza da alegria.

Dispersão — *Huan*

59. Dispersão

Dispersão significa desorganização e desordem, circunstâncias atualmente familiares a todos os que se dedicam à gerência.

Uma tarefa fundamental e criticamente importante para os gerentes é sempre a reordenação do que está (ou se tornou) disperso.

A gerência aqui segue um caminho de progresso por meio da obediência, do autodomínio e do retorno à ordem apropriada, com a volta do gerente a seu ser original. Paradoxalmente, isto é portador de crescimento.

O perigo passa quando o processo de administração e o comportamento seguem a trilha do Tao e quando o gerente *não perde o controle em situações de grande dificuldade e estresse.*

Disciplina — *Chieh*

60. Disciplina

O gerente utiliza a disciplina para estabelecer limites que não devem ser ultrapassados. Todo gerente se defronta com a necessidade e o desafio de praticar a disciplina (e a obediência), particularmente em circunstâncias desfavoráveis.

Ao gerenciar ao longo da senda do Tao, descobre-se a paz onde quer que se esteja. As dificuldades não pertubam a mente daqueles que praticam a realidade e o deleite no Tao.

Esteja ciente de que, muito embora disciplina seja portadora de crescimento, o fracasso em se adaptar à mudança e o arraigamento a *uma* disciplina acarretam perigo.

Todos nós nos empenhamos pela consistência do movimento e pelo ajustamento aos acontecimentos. A disciplina em acordo com o momento certo representa uma meta de gerência da maior relevância.

Concentre-se também no potencial e no valor da disciplina pacífica e espontânea.

Uma última palavra: não empregue a força da disciplina para cortejar o perigo na esperança de boa sorte.

Lealdade — *Chung Fu*

61. Lealdade

Lealdade é autenticidade vinda de dentro. Isto é gerenciar com equilíbrio entre a alegria interior e a concordância externa.

Sendo infiel ao Tao, o gerente se arrisca a que um poder frágil e inadequado conduza ao fracasso na conclusão das tarefas.

Praticar o Tao apenas quando tudo vai bem é trilhar a senda da mediocridade. É benéfico suportar grandes obstáculos e situações de dificuldade e estresse.

É a lealdade ao Tao e a prática correta que capacitam os que gerenciam a aperfeiçoar a essência e a vida, e a completar o começo e o final.

Este é o significado da eficiência e do trabalho bem executado.

Predomínio do Pequeno — *Hsiao Kuo*

62. Predomínio do Pequeno

O predomínio do pequeno serve para fortalecer o grande.

Para gerenciar este processo portador de crescimento é preciso manter a sutileza e a tranqüilidade.

Nos pequenos assuntos e negócios, o gerente adota um modo de desempenho sem esforço. Este é um tema de versatilidade gerencial, visto que se empenhar pelo que é grande sem ser capaz de lidar com o pequeno acarreta ameaça para o grande. A capacidade para mudar a marcha é uma habilidade gerencial essencial.

Como ponto de orientação, não demore muito tempo no predomínio do pequeno — este é um modo de passagem, sendo necessário evitar seu excesso ou insuficiência.

De Acordo — *Chi Chi*

63. De Acordo

Assim como a iluminação e o perigo, o entendimento e a dificuldade se compensam mutuamente... isto é chamado concordância.

Para atingir esse estágio, o gerente previne do perigo, antevê os riscos e completa a base da receita de uma maneira estável.

A concordância é portadora de crescimento, mas a ação arbitrária e a presunção sobre a iluminação fazem com que a treva se configure e impeça o desenvolvimento do acordo.

Utilize a iluminação no começo para prevenir do perigo. Assim, mesmo que ele exista, não há riscos. É sempre uma boa prática precaver-se contra o perigo em sua origem.

Para atingir a concordância, desconsidere o intelectualismo e previna-se contra o perigo.

A observância do momento favorável e o equilíbrio resultam, aqui, na compreensão tanto da essência quanto da vida.

Ainda não de Acordo — *Wei Chi*

64. Ainda não de Acordo

Gerenciar a si próprio e aos outros acontece freqüentemente nesta circunstância ou ambiente.

A decisão pode ser conquistada quando se pode distinguir sua necessidade. Você deve gerenciar em direção a uma meta de decisão. Você deve querê-la.

Gerenciando ao longo da trilha do Tao, investigue sempre a verdade e impulsione a busca da concordância.

Conclusão

Este trabalho foi concebido para apresentar os ensinamentos do *I Ching* como um guia de vida efetivo e prático para os problemas e oportunidades gerenciais.

Na busca dessa meta, grande parte do misticismo e da rica tradição imagética e metafórica do material original foi excluída. É de esperar que uma obra futura possa utilizar os ensinamentos místicos e as práticas do *I Ching* como guia e inspiração para os sérios profissionais da gerência.

O leitor interessado deve com urgência explorar o *I Ching*, do qual muitas traduções contemporâneas de diversas versões se encontram facilmente disponíveis. Esse "Livro das mutações" data de cerca de cinco mil anos e se distingue entre os monumentos da literatura de todo o mundo por sua orientação leiga. Nunca tratou de ensinamentos religiosos ou políticos, mas antes da qualidade de vida e da busca da auto-realização para o indivíduo que vive uma vida comum em seu próprio mundo real.

A sabedoria do *I Ching* foi pensada para ter um uso prático. Seu saber útil e benéfico e sua inspiração para todos os leitores se evidencia por sua sobrevivência em uma forma ainda viva e pulsante após um período de milênios.

A trilha do Tao consiste numa jornada imperceptível, infinita e enriquecedora. É nossa esperança que os gerentes imbuídos de seriedade, após a leitura deste livro, levem uma maior percepção de si próprios e de seu mundo, bem como perguntas prementes com respeito a relacionamentos, a trabalho e a objetivos.

Esteja ciente de que as perguntas são mais importantes que as respostas e de que o esforço, a sabedoria e a *qualidade* da tentativa são os elementos que impulsionam um gerente e sua empresa a níveis mais significativos de êxito e realização.

O Tao previne contra saídas fáceis. O leitor certamente não deverá considerá-lo como uma fórmula rápida de resolução de problemas reais ou imaginários ou de conquista do que poderia ser erroneamente percebido como sucesso material ou mundano.

Na gerência de si próprio em direção ao sucesso e à auto-realização, algumas regras de orientação básica derivadas do Tao merecem reflexão e consideração especiais. Ei-las aqui:

1. As dificuldades e os problemas no trabalho e na atividade pessoal não o tornam uma pessoa diferente... nem sequer única.
2. A gerência é um processo de capacitação que pode, e deve, ser aprendido. Você pode ensinar a si mesmo, aprender com os outros, ou ambas as coisas.
3. A gerência é sempre, em seu sentido mais amplo, orientada para a tarefa e/ou resultado.

4. O gerente deve desenvolver um estilo tranqüilo, eficiente e duradouro tanto de comportamento quanto de ação.
5. O autoconhecimento e a autêntica conscientização de si mesmo e de tudo que se encontra a sua volta são os alicerces sobre os quais um gerente constrói seu repertório de habilidades.
6. A simplicidade e a clareza de forma e função devem ser objeto de árduo empenho e valorização.

Que o Tao esteja com você!

Bibliografia

A bibliografia a seguir deverá ser explorada diretamente pelos leitores que encontraram algum valor neste livro.

A sabedoria e a alegoria das excelentes traduções do *te King* e das adaptações de Lao-Tsé para uma Nova Era, proporcionadas por John Heider, fizeram desses escritos uma experiência verdadeiramente inspiradora para mim.

Com o objetivo deste livro, de ser relevante para os gerentes sérios, muito da poesia e do misticismo do *te King* foi omitido em sua linguagem. Não há maneira para mim, neste momento, de transmitir o prazer, a alegria e a verdadeira aprendizagem e iluminação que o leitor e o releitor possam vir a atingir.

Não perca a oportunidade de prosseguir sua jornada ao longo da trilha do Tao.

CLEARY, Thomas. *The taoist I Ching*. Boston: Shamballa Publications, 1986.
FENG, Gia-fu e ENGLISH, Jane. *Tao te Ching*. Nova York: Alfred A. Knopf, 1972.
HEIDER, John. *The Tao of leadership*. Atlanta: Humanics New Age, 1985.
WILHELM, Richard. *I Ching — O livro das mutações*. São Paulo: Pensamento, 1992, 14ª edição.
_____. *Tao-te King — O livro do sentido e da vida*. São Paulo: Pensamento, 1978.

Sobre o artista

As ilustrações contidas neste livro tiveram concessão autorizada pelo autor e fazem parte de sua coleção pessoal. Esta caligrafia contemporânea foi criada por Quian-Shen Bai.

Bai é membro do Conselho Consultivo de Caligrafia e Arte de Taipei, da Associação de Caligrafia da China, em Pequim, e membro fundador do Clube de Caligrafia Conglang, em Suzhou. Participou de diversas mostras e exposições, incluindo a realizada no Museu de Belas-Artes da China da prefeitura de Shizuoka, durante a Exposição de Jovens Calígrafos do Japão, em 1986.

Quian-Shen Bai é autor de diversos artigos sobre caligrafia clássica, além de um colaborador da publicação trimestral *História e Teoria das Belas-Artes*, editada em Pequim.

A Editora Nobel tem como objetivo publicar obras com qualidade editorial e gráfica, consistência de informações, confiabilidade da tradução, clareza de texto, impressão, acabamento e papel adequados.
Para que você, nosso leitor, possa expressar suas sugestões, dúvidas, críticas e eventuais reclamações, a Nobel mantém aberto um canal de comunicação.

Entre em contato com:
CENTRAL NOBEL DE ATENDIMENTO AO CONSUMIDOR
Fone: (011) 257-2744
End.: Rua Maria Antônia, 108 - São Paulo/SP - CEP 01222-010

Conheça o **CBP** – **Catálogo Brasileiro de Publicações**

Única bibliografia atualizada da produção editorial brasileira:
- em forma de microfichas e listagens de computador;
- segmentado por assunto, título, autor e editora.

Informações e vendas:
Fone: (011) 876-2822 (r. 60)

Uma divisão da Livraria Nobel S/A

Livraria Nobel S.A.
Editora   Distribuidora   Livraria

Rua da Balsa, 559 — CEP 02910-000 — São Paulo, SP
Fone: (011) 876-2822 — Telex nº 1181092 LNOB BR
Fax: (011) 876-6988

Filial Rio:
Av. 13 de Maio, 33/8º — CEP 20031-000 — Rio de Janeiro, RJ
Fone: (021) 220-4728 - Fax: (021) 262-9679

Lojas (São Paulo):
Centro - Rua da Consolação, 49 - Fone: 231-0204
Consolação - Rua Maria Antônia, 108 - Fone: 257-2144
            Rua Maria Antônia, 316 - Fone: 255-6433
Itaim-Bibi - Rua Pedroso Alvarenga, 704 - Fone: 883-6040
Brooklin - Rua Barão do Triunfo, 371 - Fone: 240-4197
Penha - Rua Dr. João Ribeiro, 304 - Loja 1110 - Shopping Penha - Fone: 295-4623
Pinheiros - Rua Deputado Lacerda Franco, 365 - Fone: 813-5761

Atendemos pelo Reembolso Postal
Rua da Balsa, 559 — CEP 02910-000 — São Paulo, SP
Fone: (011) 876-2822

A Editora Nobel procura sempre publicar obras que atendam às necessidades e interesses dos leitores. Com o objetivo de satisfazer de forma cada vez melhor a suas espectativas, elaboramos este questionário. Solicitamos que você responda a ele e o envie para: Livraria Nobel S/A - Departamento de Comunicação (Rua Maria Antônia, 108 - São Paulo/SP - CEP 01222-010).
Agradecemos desde já por sua colaboração.
PS - Se você não quiser recortar o livro, transcreva o questionário em uma folha avulsa.

1. Título que adquiriu: _____
   Autor: _____
   Finalidade da compra: _____

2. Você já conhecia os livros publicados pela Nobel?   ❏ Sim   ❏ Não

3. Você já havia adquirido algum livro editado pela Nobel?   ❏ Sim   ❏ Não

4. Qual a sua opinião sobre os livros editados pela Nobel quanto à:
   Qualidade editorial   ❏ Ótima   ❏ Boa   ❏ Regular   ❏ Má
   Qualidade gráfica   ❏ Ótima   ❏ Boa   ❏ Regular   ❏ Má
   Apresentação gráfica   ❏ Ótima   ❏ Boa   ❏ Regular   ❏ Má

5. Quais são as áreas de maior interesse para você? (Favor numerá-las, lembrando que o nº 1 corresponde àquela que mais lhe interessa.)
   ❏ Administração e Marketing   ❏ História
   ❏ Agricultura   ❏ Jardinagem
   ❏ Arquitetura e Urbanismo   ❏ Literatura (ficção)
   ❏ Artes e Estética   ❏ Pássaros
   ❏ Biografias   ❏ Peixes ornamentais
   ❏ Computação e Informática   ❏ Psicologia
   ❏ Direito   ❏ Veterinária e Zootecnia
   ❏ Ecologia   ❏ _____
   ❏ Economia e Negócios   ❏ _____
   ❏ Engenharia   ❏ _____
   ❏ Esoterismo   ❏ _____
   ❏ Fruticultura   ❏ _____

6. Na compra de um livro, pondere a importância de cada uma das variáveis. (O nº 1 corresponde à mais importante.)
   ❏ Preço   ❏ Nacionalidade do autor
   ❏ Capa em cores   ❏ Assunto abordado
   ❏ Formato   ❏ Editora
   ❏ Número de páginas   ❏ Tamanho da letra
   ❏ Número de ilustrações   ❏ Exposição na livraria
   ❏ Comentários da imprensa   ❏ _____

7. De que maneira você se informa sobre os novos lançamentos da Nobel?
   ❏ Jornal/Revista   ❏ Folheto/Mala direta
   ❏ Na própria livraria   ❏ Catálogo
   ❏ TV/Rádio   ❏ _____

8. Dados pessoais para cadastramento:
   Nome: _____
   Sexo: ❏ Masculino   ❏ Feminino
   Endereço: _____
   Cidade: _____ UF _____ CEP _____
   Fone: ( ) _____ r. _____ FAX: _____ TELEX: _____
   Data de nascimento: ___ / ___ / ___ Profissão: _____

Você já está cadastrado para receber catálogos e folhetos da Livraria Nobel com as novidades em sua(s) área(s) de interesse.
Caso você não queira que seu nome seja utilizado para recebimento de material promocional, escreva comunicando seu pedido de exclusão - Livraria Nobel - Central Nobel de Atendimento ao Consumidor. Rua Maria Antônia, 108 - São Paulo/SP - CEP 01222-010.

www.ingramcontent.com/pod-product-compliance
Lightning Source LLC
Chambersburg PA
CBHW031148160426
43193CB00008B/295